U0037073

拜佛50問

學佛入門 Q&A

法鼓文化編輯部　編著

〈導讀〉拜佛的意義

聖嚴法師

一般人拜佛，多爲追求財勢名位及健康等利益，但是，有所求的拜佛，不能算是修菩薩行，故對人格的成長亦無助益，甚至還有鼓勵人去投機取巧，走偏鋒的負面作用。修行的拜佛，則有三層：1.懺悔罪過；2.修持禪定；3.感恩禮敬。

佛教中常有批評只知磕頭而不知懺悔、只知拜佛而不知慚愧者，那種拜佛，不過是如雞吃米、如搗蒜頭。只有動作沒有用心，對於身體健康，雖也有用，對於人格的提昇則不起作用。眞懺悔是發自內心懇切的意念，不局限在一定的場所，也不一定要在佛像之前。佛像是禮拜時的道具，是偉大人格的象徵。對於拜佛的凡夫而言，佛菩薩的聖像，具有證明我們正在修持懺悔功德的功能。只是佛與菩薩的法身，遍處都是，永遠都在。

拜佛的動作，是心誠意敬地將雙手合掌，低頭彎腰，五體投地——兩肘、兩膝以及額頭著地，完成頭面接觸佛足的最高的敬禮，又稱爲頂禮。

彎腰低頭是表示謙虛，承認自己的福德智慧不足，以致犯了許多的錯誤。一般人是很難向人低頭的，何況還要把額頭著地呢！可是，大地是非常偉大的，大地孕育衆生，負載衆生，衆生把大地踩在腳下，把不要的垃圾丟給大地，大地卻提供我們無窮盡的資源。我們如此地享用了大地，無以爲報，是否應該心誠意敬來感謝大地呢？其實，我們如果能夠飲水思源，應該要感謝、感恩的人實在很多。

成熟的人格，好像成熟的稻穗，都會往下低頭的，愈成熟愈飽滿的，頭垂得愈低；空心乾枯的稻稈，倒是頭昂天外挺得筆直的。如此想通了，低頭禮拜也就不難了。更何況在很多情況下，頭不低還眞過不了身，不肯低頭而趾高氣揚的人，往往會阻難重重，撞成鼻青眼腫乃至頭破血流，還不知究竟錯在哪裡。

一般人向位高權重的人士低頭，較爲容易，對於沒有利害關係的人乃至不如自己的人，能夠低頭，就必須具有大修養的工夫了。古時候的一些仁君賢臣，能夠放下高高在上的身段，禮賢下士，給一般庶民予禮遇尊重，因而才能獲得賢士們之輔弼效命，這就是「敬人者人恆敬之」的道理。現代人，雖都是平等的，每一個人還是需要禮貌的尊敬。對長輩及上司低頭，是受大家認同的，對於夫妻之間及屬下之前的低頭禮敬，也不能說是不應該的。

犯了錯誤，當以禮佛來懺悔；心緒煩躁，當以禮佛來定心；得到了利益，當以拜佛來感恩。拜佛的動作，實在是提昇人格的好方法。

（選自《聖嚴法師教禪坐》）

當慚愧心、懺悔心、感恩心養成後，自然而然會懂得謙遜，煩惱也比較不容易染著，因為煩惱從心生起時，馬上就如同雪花遇到太陽或火焰一般，融化掉了。

曾有一位西方人告訴我：「我有病，要用意志力來抗拒、對付、拚命。」我說：「你不拚命，或許還可以活得久一點，一拚命就會活得很辛苦。」我們出家學佛的人也是一樣，當煩惱現前之際，不是和煩惱對抗，而是用慚愧、懺悔、感恩的心來融化它。

當我們的煩惱生起時，常常會覺得是外面的環境帶給我們的，而且感受非常的強烈。例如我們常會爲了別人不經意或非故意的一句話、一個動作、一個表情、一件芝麻小事而消受不了，認爲是別人給我們的煩惱。其實，這多半是你主觀心理上的認知或感受，事實未必如此。

煩惱是從我們自己內心產生的妄念，此「心」不是指心理學上的心，而是我們的意識心、八識心；而感覺才是針對外境而來的。如果我們的內心沒有這些問題，那麼對外在的環境就有免疫作用。若缺乏這種免疫力，就很容易受到感染，任何細菌一沾身，煩惱病馬上就會現行。以拜佛來慚愧、懺悔、感恩，就是預防針，可以讓我們的心產生免疫作用，修行人就是用這種方式來化解煩惱的。

如果我們每個人都有慚愧心、懺悔心、感恩心，那麼，在平常生活中就會很平穩、踏實。但是慚愧、懺悔不是要你打耳光、搥胸、頓足、磕響頭，這些都沒有用，因爲煩惱不在耳光上，也不在胸部或頭上，而是在我們的心中。所以要用懇切的慚愧、懺悔心來拜佛；拜佛時，要感恩三寶，慶幸自己已經聞法學佛，心中便會平平靜靜、安安穩穩、妥妥貼貼的，沒有一絲一毫的情緒在內起伏、波盪了。

（選自《法鼓晨音》）

目次

拜佛結佛緣

2 拜佛有方法

3

認識佛像，禮敬諸佛

4

禮拜法喜，安身安心

1

拜佛結佛緣

Question

01

爲什麼要拜佛？

很多人逢年過節，都會隨著家人一起到寺院拜拜。一般傳統廟宇的拜拜方式，都需要準備供花、供品，持香許願，可是佛寺拜佛方式，則不需自備供禮，只需以最高敬意來禮佛，總令人難免產生好奇，爲什麼會有這些差異？

頂禮是行禮，也是修行

拜佛，是佛教徒對佛、法、僧三寶表達恭敬與感恩的身儀，又稱爲頂禮、五體投地禮、頭面接足禮、稽首禮足、接足作禮。拜佛是佛教徒的基本行儀，也是一種修行法門；拜佛不僅是行禮如儀的動作，更能安定身心、放下身心，是消融自我的一種修行方法。

（李蓉生　攝）

拜佛除了祈求消災免難，增福增慧之外，最主要的功能在於：1.懺悔罪過；2.修持禪定；3.感恩禮敬。

拜佛時，身體柔軟、呼吸舒暢、肌肉鬆弛、神經舒緩地拜下，像一朵棉花、一片雪花般輕飄飄地落到地面；起身時，像海綿一樣慢慢地彈起來，感覺自己的身體，如一片浮空的白雲，輕巧自在。禮拜的過程中，全心注意身上每一個關節、每一根筋骨、每一寸皮膚的動作和感觸。動作盡量放慢，專注、輕鬆、自然，非常清楚地心隨身拜。

調身、鍊心的好方法

透過拜佛，讓我們更懂得謙虛自省，發自內心懺悔，並生起感恩的心，時時懺悔、念念感恩，自然獲得內心的清明安樂；心中沒有任何念頭，只有全神貫注地做著禮拜的動作，身心輕安無礙，正是調身、鍊心的好方法。

拜佛簡單易學，能立即安身、安心，讓我們一起學習拜佛，拜出謙恭、柔軟、清淨的自性佛！

Question

02

佛教不主張偶像崇拜，爲什麼還造佛像、拜佛像？

佛教最初的佛像，相傳是佛陀在世的時候，曾經上升到忉利天宮爲母親摩耶夫人說法，長達三個月不在人間，當時僧俗弟子們非常想念佛陀以及佛的種種教化，於是優塡王便延請工匠雕刻佛陀聖像，最終完成一尊五尺高的旃檀木佛像，之後優塡王每天頂禮佛像，一如佛陀仍在人間遊化示教的景況。

憶念佛的功德

在佛陀涅槃後一百年左右，人們開始以各種不同的事物做爲佛的象徵，例如法輪、菩提樹、佛塔等，並透過這些物件來憶念佛的功德。

（周勝信　攝）

聖嚴法師在《正信的佛教》中提到，多數佛教徒將佛像當作神祇來崇拜，並無可厚非，因爲諸佛菩薩的法身遍一切處，只要衆生有所求，諸佛菩薩就會有回應，但這僅僅是「仰信」的階段。如果從正信、實踐的角度入手便會發現，佛像只是佛教徒修行的文物。

禮佛如佛在，提醒修行

禮佛如佛在，不論是木雕、銅作或泥塑，佛像做爲一種修行上的提醒，可以幫助我們在拜佛的時候，憶念起諸佛菩薩的大願及種種教化事蹟，時時刻刻提醒自己勇猛精進，以佛菩薩爲菩提道上的典範，這才是禮拜佛像的眞義。

透過拜佛，將信仰的力量感通佛菩薩的悲願，從而生起信心、恭敬心、感恩心、慚愧懺悔心，因此修行的根本不在於聖像本身，而是從禮拜中內觀自省，讓身心更爲清淨、柔軟、謙和，禮佛的當下也就是在禮拜自性佛。

Question

03

拜佛和拜神有何不同？

很多人誤認爲佛教拜佛是偶像崇拜，將拜佛等同於拜神，甚至認爲佛也是衆神明之一。其實，兩者全然不同。

佛教為無神論

佛教爲無神論，自然不會拜神。佛教不認爲宇宙世界與人類衆生，是由全知、全能的神所創造，而主張諸法皆從因緣所生，所以宇宙萬物是由衆生業緣所創造，由衆生共業所形成。佛教雖不否認神鬼的存在，但是既不會信仰神鬼，也不會禮拜，他們與人類一樣都是仍在六道輪迴的衆生。

佛教徒以恭敬心對待一切衆生，雖然不會禮拜其他宗教的神像或廟宇，但是

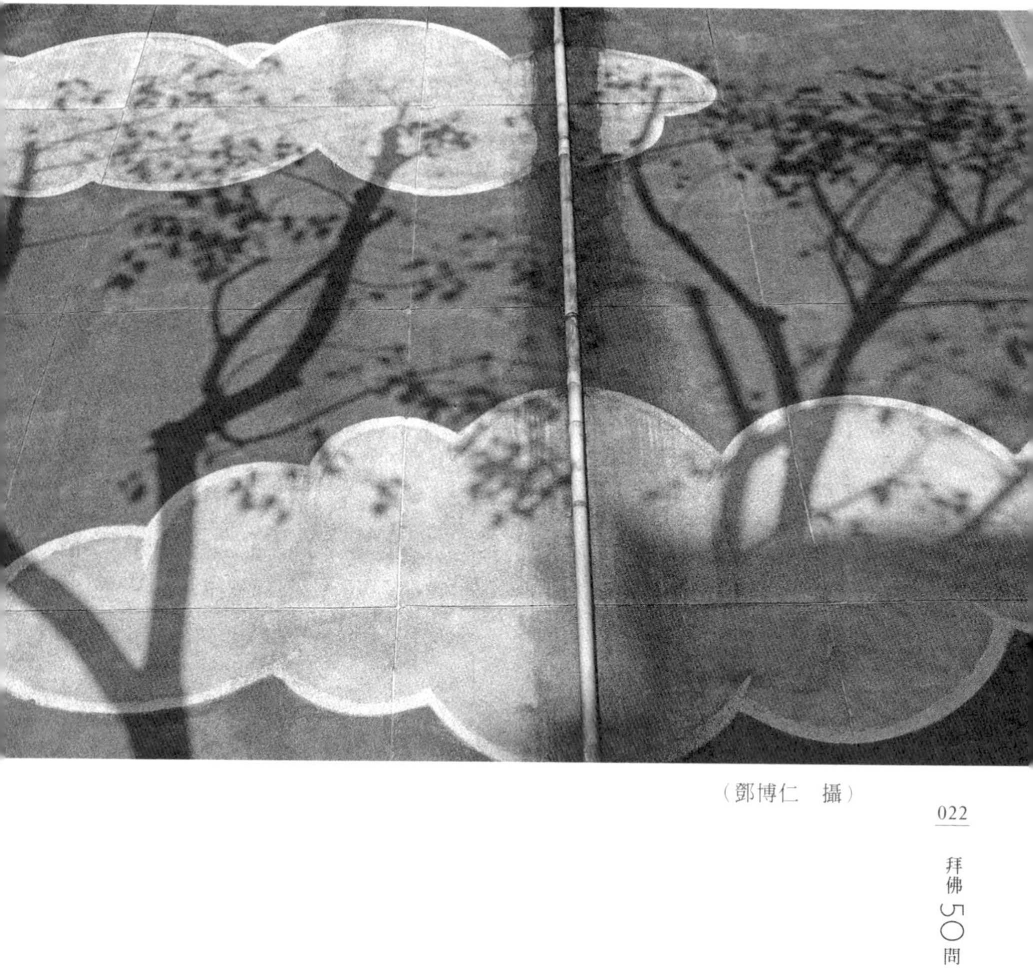

（鄧博仁　攝）

會合掌表示恭敬。

神力與願力

一般人拜神是爲祈求神力感應，以滿足心願；佛教徒拜佛則是學佛發願，希望能依著佛法踏實修行，成長自己，成就眾生。因此，在禮敬的動機上，是不一樣的。雖然初學佛者拜佛，也可能只是爲求人生能平安順利，但在熏習佛法後，將不再貪求神力滿願，會轉爲學習諸佛菩薩的願力。

佛教重視拜佛，是因拜佛爲重要的修行方法。拜佛後，不會憑空等待神蹟顯現，讓自己平步青雲或轉危爲安，而會以慚愧懺悔心面對人生，用實際行動實踐所發的願，轉變自己的現實生活，造福世界。

Question

04

佛教徒禮拜的對象只限於佛像嗎？

佛教徒禮拜的對象，不限於象徵佛陀或諸佛的佛像，而是佛、法、僧三寶。

禮敬感恩三寶

1. 禮敬佛寶：佛教以佛像代表佛寶，禮拜佛像時，便是向三世諸佛頂禮，感恩諸佛菩薩把佛法帶到人間。

2. 禮敬法寶：法寶即是佛經，禮拜法寶，因爲這是佛陀的教法、教誨，需要依此來修行。

3. 禮敬僧寶：向僧伽頂禮，包括祖師大德、高僧，乃至一般的出家衆，因爲僧衆代表了佛陀的教誨，也是三寶的具體實現。

（釋常鐸　攝）

禮拜幫助修持

因此，除了佛像，法寶、僧寶都是佛教徒禮敬感恩的對象，而這也延伸出另一種以禮拜爲修持的方法——拜經。拜經禮拜的對象，不僅僅是經文本身，也是禮敬參加法會的一切諸佛菩薩、阿羅漢衆及護法龍天。

佛教不論是禮拜僧人，或是佛像、佛經、佛塔，都是爲修行佛法，信因果、明因緣，所以不會迷信神力或超自然力量。

Question

05

佛像造像的起源爲何？

佛像造像的豐富多元，不但展現佛教思想的廣爲流傳，佛教藝術也成爲人類共同的文化寶庫。雖然佛教藝術的種類形式衆多，包括雕塑像、石柱、佛塔、壁畫、卷軸畫等，但是在最初佛陀說法的原始佛教時代，直至佛陀離開人世後的五百年間，雖有佛教建築以佛塔浮雕刻畫佛陀的傳記、本生故事等圖像，卻始終沒有人間像的佛身，稱爲「無佛像期」。

在無佛像期，認爲佛陀已達至高悟境，法身無法以人間像來表現，所以使用菩提葉、菩提樹，或是金剛座、法輪、佛足等符號，做爲佛陀的象徵。

興起佛教造像需求

直至西元一至二世紀間，篤信佛法的貴霜王朝迦膩色迦王，將佛法推廣到他所統治的帝國，以及大乘佛教因應時代發展、大衆求法的需求，而有「十方三世皆有佛」說法，由一佛時代走入多佛時代，興起佛像造像需求。

迦膩色迦王的國都犍陀羅，早期深受希臘多神教影響，偶像崇拜根深柢固，盛行造像藝術。因此，迦膩色迦王建立起以希臘文化爲父，印度文化爲母的新文化，宛若太陽神阿波羅般的人間像佛像就此誕生，被稱爲「犍陀羅佛」。而最初的菩薩像，以貴霜帝國的貴族造形而創作的彌勒菩薩，也於同一時期出現。

從一佛到多佛

佛像創作除流傳印度河流域外，發源於恆河中、上游地區的秣菟羅，也在西元一、二世紀之際，創出亞利安人面孔的佛像，稱爲「秣菟羅佛」，一直演變至笈多王朝。笈多王朝的佛像藝術北傳中亞、西域、河西走廊後，進入漢地。往後不論佛教傳至何地，凡有佛教徒處便有佛菩薩像，並多融合在地人的形象呈現。

從無像到有像，從一佛到多佛，佛像造像的出現，與大乘佛教的發展密不可分。沿著佛法弘傳的歷史軌跡，人們除可看見造像的源頭與流變，更能了解蘊藏其中的修行意涵。

Question

06

拜佛的行儀由來爲何？

印度的菩提伽耶，釋迦牟尼佛悟道的聖地，每天都有身著各色僧袍的出家衆和來自世界各地的佛教徒，在此恭敬禮拜，憶念並感恩佛陀成道、說法、度衆生的種種功德。禮佛如佛在，每當進入寺院殿堂，佛教徒也必定禮佛三拜，在謙恭、柔軟的低頭彎腰跪拜中，表達對諸佛菩薩的崇信歸敬。

三業禮敬，繫念佛德

佛教徒禮佛的歷史，可追溯至佛陀時代。弟子們請佛說法時，通常是「在大衆中，即從座起，偏袒右肩，頂禮佛足，右繞三匝，長跪叉手，而白佛言」。佛弟子伏身頂禮時，以雙手承接佛足，最敬者並以額頭碰觸佛足，身、口、意同時表達禮敬。佛陀入滅後，由於「佛弟子對佛的永恆懷念」，禮拜佛陀舍利塔及巡禮聖跡的風氣，也逐漸興盛起來。

到了西元二、三世紀間，修行念佛法門的大乘行者，盛行以清淨的身、口、意三業，進行禮拜、稱名、憶念的修行。其中，「禮拜」是身業的禮敬，包括合掌、稽首佛足、五體投地等；「稱名」是語業的禮敬，例如稱念「南無釋迦牟尼佛」、「南無阿彌陀佛」等；「憶念」則是意業的禮敬，是指內心的誠信憶念。後世的大乘修行者，就在念佛、禮佛、憶念中，深化了學佛的信心。

佛教徒必學禮儀

唐代的義淨法師曾考究印度的禮敬動作，指出作禮一拜分為九段；起初俯首示敬，繼而合掌平拱，直到最後的五輪著地、五體投地，每一個動作都能單獨代表禮敬的意涵，佛門禮佛的儀節便是從中延續而來。

（賴永鑫　攝）

隨著佛教的傳布，西域與天竺僧侶初入中國時，拜佛動作採全身正面觸地，即五體投地的大禮拜，因應中國殿堂式集體共修的型態，動作調整為五輪著地，但仍是以額頭接觸地面，表達禮敬。禮佛或稱拜佛，也成了佛教徒皈依三寶後必學的禮儀。

Question

07 道教叩首、藏傳佛教大禮拜和漢傳佛教的拜佛有何不同？

合掌、拱手、跪地、屈身、俯首……，很多宗教與文化都有類似的禮敬方式。然而，不論是漢傳佛教拜佛、道教叩首或藏傳佛教大禮拜，都是以禮拜傳達最崇敬心意的禮儀，但是因著修行方式與文化差異，所以展現出的動作與意義，也有所不同。

叩首為中國最高敬禮

中國素有「禮儀之邦」的雅號，叩拜禮是中國傳統禮儀，對於不同的敬意和不同的儀規，會用不同的禮節來表示，頓首爲其中最隆重的禮節，也稱叩首。方式是跪下後，以雙掌及額頭觸地。道教承襲中國的傳統禮儀，對一般人行拱手禮或作揖禮，對神、仙和眞人則行叩拜禮，表示特別尊敬。

（江思賢　攝）

大禮拜與小禮拜

藏傳佛教非常重視大禮拜，初爲藏傳佛教僧侶，通常須完成十萬次大禮拜的修行，藏民也會以身體做爲量器，每三步或一步行一個大禮拜，口中持誦密咒，以此方式徒步朝聖。藏傳佛教的大禮拜方式，有別於漢傳佛教的屈身禮拜，爲全身正面觸地的倒身下拜，視身體沾染塵土的情況，來判斷功德與滅罪的數量。做大禮拜時，兩手合掌後，需先置於頂上，次置於喉間，後置於心間；然後兩手掌貼地，其次雙膝跪地，最後額頭觸地，如是五體投地禮拜。

由於漢傳佛教的拜佛不似藏傳佛教的大禮拜，爲全身觸地，所以藏傳佛教稱之爲「小禮拜」。然而，不論是大禮拜或小禮拜，只要一心虔敬，拜佛皆能懺除業障，廣積福德，護持修行，圓滿佛道。

Question

08

拜佛有功德嗎？

普賢菩薩的十大願王，第一大願即是禮敬諸佛，由此可見其重要。雖然所指的是以內心的恭敬、虔敬來禮敬諸佛，但身體的禮拜，則是學習恭敬的一個很重要的練習和提醒。

功德不可思議

《增一阿含經》說禮佛能得五種功德：

1. 相貌端正：見佛相好，生渴仰的歡喜心，恭敬頂禮，虔修善法，來世能得相貌端正。
2. 得好音聲：因見佛相，一心稱念佛名，口業清淨，來世能得聲音清雅，人聞敬信。

3. 多饒財寶：以花香、燈明禮敬供養，廣修布施供養，來世能財寶豐足。
4. 生高貴處：見佛時心清淨無染著，至誠禮佛，得生高貴處，爲人敬重。
5. 得生天上：心念佛的功德殊勝，來世得爲天人。

累積今生後世的福報

佛陀在原始佛教經典所提的功德，多爲後世可得的利益。《業報差別經》所列出的十種功德，則兼顧今生後世的福報。

1. 得妙色身
2. 出言人信
3. 處衆無畏
4. 佛所護念
5. 具大威儀
6. 衆人親附

7. 諸天愛敬
8. 具大福德
9. 命終往生
10. 速證涅槃

拜佛的功德不可思議，可助人身心柔軟、消融自我，而能接受因緣果報，自能面對、接受一切業障，並開啓智慧，祖師大德因拜佛而得大成就者非常眾多。

拜佛沒有深奧難懂的祕法，只要一心虔敬，當下便能體會拜佛的益處。

Question

09

感應禮拜、恭敬禮拜、懺悔禮拜、無相禮拜是什麼？

初學佛者拜佛求平安、求智慧、求幸福，是有求禮拜、有相禮拜，都是正常的心態。所謂有相，是指有對象、有目的，佛教徒學佛修行後，會面對佛菩薩像或佛經，每天定時、定數禮拜，以消業障、除煩惱。學佛日久，便會漸漸了解無求、無相，才是修行的究竟目標，所以每天照樣面對佛菩薩的聖像禮拜，只是一種恆課。

聖嚴法師於《禪的體驗．禪的開示》書中，說明四種拜佛的層次：感應禮拜、恭敬禮拜、懺悔禮拜、無相禮拜。

（吳瑞恩　攝）

一、**感應禮拜**

希望用禮拜求得佛菩薩或護法神的感應。例如求健康長壽、家庭和諧、出門平安等。

二、**恭敬禮拜**

對三寶恭敬，或為感恩，或為崇信，這種禮拜是從內心自發產生，和受拜的對象沒有一定的授受關係，得到利益的是禮拜者自己。

三、**懺悔禮拜**

即是從慚愧而懺悔。驕傲的人不容易向人低頭，更不容易伏地禮拜。能做懺悔禮拜者，會是個性謙虛或正在學習謙虛的人。懺悔禮拜可以提昇人的人格，改變人的氣質，使人變為誠實、溫和、謙沖。人非聖賢，豈能無過，聞過則喜，知過即改，便是賢者。

四、無相禮拜

無相必須從有相開始，因爲我們是凡夫，不可能立即變成無我、無相，一定要先從有我入手，慢慢才能體會到什麼是無我。觀身、受、心、法的四念處觀法，能幫助人觀察因緣組合而成的身心，若能觀成不淨、苦、無常、無我，即是實證無相。

無相禮拜有三個階段：

1. 知道自己在拜佛，而指揮自己禮拜。拜的時候，要有耐心和細心，清清楚楚全身任何一個部分的動作和感覺。

2. 知道自己在拜佛，感覺到自己在拜，但是不需要用心指揮。將自己當成是旁觀者，知道有人在拜即可。

3. 自己在拜佛，別人也看到你在拜佛，動作非常正確，但是不去想自己在拜佛，也不會想到有個人在拜佛。此時，已進到與無相相應的階段，但尚非開悟，只是心非常寧靜安穩，不受內外境界影響。如果機緣恰好成熟，悟境也可能突然現前。

Question 10

無法對佛像生起恭敬心怎麼辦？

有的人入寺院禮佛，雖然行禮如儀，但是只有外在的「禮」，卻無法生起內在的「敬」。畢竟無論是銅雕、木雕或泥塑的佛像，都無法如眞實的佛陀，能夠開口演說佛法，讓人信受奉行。

未來佛尚未成佛，仍是凡夫

經典與佛陀確實都告訴我們諸法皆空，本就不應執著於外相，但是我們雖都有佛性，都有成佛的可能性，卻畢竟是有待修行雕琢的凡夫，仍舊煩惱纏身，無法無事一身輕。佛教會有佛像，不僅僅是憶念佛的功德，也提醒我們要精進學佛，才能轉凡成聖，出離生死。

（李蓉生　攝）

以佛像為鏡鑒

相對於恭敬心一詞，便是傲慢心。人會難以產生恭敬心，往往都是因自視甚高，缺少慚愧心、懺悔心與感恩心。拜佛的一大功能，便是讓我們學習謙虛，調伏自大慢心。佛像如同鏡鑒，當我們拜佛時，不妨想想佛提供了很多離苦得樂、解脫煩惱的方法，但我們爲何仍有無數煩惱，那是由於未如實、老實修行，所以，要發願在生活中運用佛法，幫助自己，也幫助他人消除煩惱，自在生活。

如此對著佛像，試著透過拜佛來放下自我，生起慚愧心、懺悔心與感恩心，便會漸漸融化自己冰封久已的菩提心。

Question 11

拜佛對修行有何幫助？

關於拜佛，六祖惠能禪師有一偈：「禮本折慢幢，頭奚不至地？有我罪即生，亡功福無比。」意思是說禮佛的儀式，如同是用來折服我們憍慢的「幢」，能幫助我們表達謙虛，折服自己驕傲的心。就像空心乾枯的稻桿，總是昂首挺得筆直；金黃飽滿的稻穗，都是向下低垂，愈是成熟飽滿，頭垂得愈低，彷彿亟欲回饋大地作育的恩澤一般。

接觸大地，折服我慢

《離垢慧菩薩所問禮佛法經》也提到，菩薩問及如何進行五輪作禮，佛陀回答，作禮時首當發願，隨著一一著地的肢體，心念應一一祈願眾生離煩惱、得安住，而首頂著地之時，則應祈願眾生離憍慢心。

（吳瑞恩　攝）

由此可知，拜佛時，心誠意敬地低頭彎腰、五體投地的動作，不只是一次心性轉化的歷程，當我們願意低頭彎腰、跪下雙膝，讓身體貼近大地時，也是長養柔軟、清淨心性的開始。

動中修定，體驗無我

拜佛的調身功能，也有助於讓禪坐、念佛、課誦等修行更得力。聖嚴法師每每在精進禪修的禪期間，會指導禪眾進行慚愧、懺悔禮拜，建議打坐時若方法用不上、心頭妄念紛飛、身體狀況多時，不妨起身到佛前拜佛，坦誠面對自己的不足，至誠懇切懺悔曾傷人的過錯，讓內心的積垢、傲慢，在彎身拜下時層層剝落。法師曾說：「慚愧心生起之後，心情就容易穩定，心氣沒那麼浮躁，也就比較容易用功了。」接著再「把身體交給坐墊，心念交給方法」，修行就更得心應手。

拜佛除了幫助調身，也能鍊心，誠如聖嚴法師於《禪的世界》所言：「凡是一舉手、一投足，舉心動念處，全部生命的動靜運作，也都是用功辦道的場合。」拜佛時，透過四念處身、受、心、法的觀行，練習觀照身心，或進行「無相禮拜」時，在清清楚楚覺察、了知當下的身心現象中，逐漸看到這些身心現象的本質，都是無常、無我、空，使心寧靜、穩定，不受內外境界所影響。

拜佛，從身體的禮敬動作牽動內在心識的轉化，彎身拜下的同時就在調伏自心，也在熏習內在的善心種子；而透過接觸大地，更能體會我們生命中的任何一部分，都和大地密不可分，能啓發我們的菩提心，懂得感恩大地，發願利益一切眾生，同成佛道。

Question

12

拜佛能眞的見到佛嗎？

《楞嚴經．大勢至菩薩念佛圓通章》說：「若衆生心，憶佛念佛，現前當來，必定見佛，去佛不遠。不假方便，自得心開。」這是念佛所成就的「諸佛現前三昧」，念佛能見佛，拜佛自然也能成就「諸佛現前三昧」。

最好視為幻境

但是，這樣修行工夫並不容易，一般人在修行中所見的佛身，可能多幻覺，即使眞是佛來，最好也視爲幻境，修行較爲安全。如同《金剛經》所說：「若以色見我，以音聲求我，是人行邪道，不能見如來。」

我們拜佛時，如果心有所求，其實都還是執著外在表相，沒有眞正見到法性、佛性，如果不能從拜佛中體會到緣起性空，緣生而現，緣滅而散，皆變化無常，便會執著於見佛，或能否與佛感應道交。

見法即見如來

如欲求佛、見佛，最好的方式還是「見法即見如來」。只能依著佛法踏實修行，持守不殺生、不偷盜、不邪淫、不妄語、不飲酒的五戒，用功禪修、讀經、念佛、拜佛，孝順父母，樂善好施，便是與佛同在。

Question 13

什麼是〈禮佛偈〉？

〈禮佛偈〉為提供禮佛時觀想用的佛偈：「能禮所禮性空寂，感應道交難思議，我此道場如帝珠，十方諸佛影現中，我身影現如來前，頭面接足歸命禮。」

〈禮佛偈〉能引領我們從有相禮拜，轉向無相禮拜，體會禮佛的深意。

能禮所禮性空寂：「能禮」是指拜佛的人，「所禮」則是指所拜的佛，「性空寂」是緣起性空。既然能禮的人、所禮的佛皆本來性空，拜佛時自然不需要執著我相、佛相，放下所有的念頭想法。

感應道交難思議：以清淨心、虔誠心專注禮佛，即得感召諸佛，而現起不可思議的感應。

我此道場如帝珠：觀想自己所在的道場，猶如帝釋天寶珠網中的一粒明珠。

（釋常鐸　攝）

十方諸佛影現中：帝釋天的寶珠網映照十方，珠珠相映，能映現無量的道場，顯現無數的佛。因此，觀想道場如帝珠之一，十方諸佛就能影現在面前讓自己禮拜。

我身影現如來前：在無數的佛前，自身也能同時影現於十方諸佛前禮拜。

頭面接足歸命禮：頭面著地，雙手反轉來接著佛足，一心皈命頂禮。

Question

14 十方諸佛這麼多，如何禮遍諸佛？

禮佛莫貪拜佛次數多功德大，也莫求禮遍諸佛福田廣，應該留意自己是否一心恭敬？放下追求功德的執念，拜佛時就是專心拜佛，反而心得自在。

如能以感恩心、懺悔心，恭敬禮佛，專注於當下的拜佛動作與心念，禮一佛，即禮一切佛，因爲佛的法身無所不在，圓融無礙。

我們不但要對佛恭敬，還應以感恩心禮敬衆生。我們的生命本就與所有衆生息息相關，不可分割，所以要感謝與禮敬衆生恩，並相信所有衆生都是未來佛。

如此一來，便會尊重所有的生命，珍惜生命裡所有的因緣，眞正體會禮佛的深意。

（吳瑞恩　攝）

2

拜佛有方法

Question

15

一般人雙手合掌對佛像鞠躬就是拜佛嗎？

拜佛又稱頂禮，如果沒有五體投地，不能稱爲拜佛。

拜佛不只是一種儀式

一般人如果沒有學過頂禮的方法，通常會以爲拜佛就是拜拜，雙手合掌鞠躬即可。甚至認爲拜佛方式只是一種外在形式，並不重要，只要態度虔誠，就會得到守護。

但是拜佛學佛的目的，不在於祈請佛菩薩讓我們萬事如意，而是學習佛如何成佛的修行方法。修行即是修心，拜佛能夠修心，所以不只是佛教禮儀，也是修行妙法。

一般人雙手合掌對佛像鞠躬就是拜佛嗎？

（李蓉生　攝）

全然放下自我

修行最困難的挑戰，往往不是面對他人或外境，而是要戰勝自己。要一個人謙虛低頭，放下自我執著，並不容易。能放得下自己，貪心、瞋心和種種人生欲望，也就能放得下了。因此，拜佛頂禮的重要性，即在於此。

一般人的雙手合掌或鞠躬，雖然能表達對佛的敬意，但那只是一種禮貌，對於調伏傲慢心，不像頂禮方式能讓人全然放下自我。所以，合掌或鞠躬不是拜佛的方法，而禮佛不只是一種禮貌，更是一種修行方法。

Question 16

拜佛有要領嗎？

拜佛看起來很容易，爲什麼拜佛的人這麼多，卻沒有成佛呢？如果能掌握拜佛要領，不論成不成佛，一定都能成爲法喜充滿的人間菩薩。禮佛不只讓我們習得佛的慈悲柔軟，也能從中體會佛的智慧光明。重要的是，我們在拜佛時，是否眞的一心一意，生起恭敬心、虔敬心，而不心心念念都是自己？如果處處只想著自己，起心動念都會是煩惱，而五體投地頂禮佛，正是要我們放下煩惱的自己，成就圓滿的佛道。

中印度的三藏勒那法師，於戰火連天的魏晉南北朝來到中國，看到當時人們不懂禮法，情同猿馬，不禁感慨萬分，因此翻譯出七種禮佛方法。這禮佛七法，有淺深的不同層次，前兩種「我慢心禮」與「唱和求名禮」是不正確的方法，後五種則是正確的方法，能由淺入深體會拜佛所證得的層次。

（張晴　攝）

一、**我慢心禮**

身雖禮佛，卻內懷我慢，只是身如搗碓舂米，沒有五體投地頂禮。目中無佛，心不在焉，不具恭敬心。

二、**唱和求名禮**

禮佛只是貪求修行名譽，貌似恭敬，實無誠心，隨口稱念佛名而已。

三、**身心恭敬禮**

此爲最基本的禮佛態度。用功禮佛，恭敬供養，此禮可得人天福報。

四、**發智清淨禮**

又稱「無相禮」。禮一佛時即是禮一切諸佛，禮一切諸佛即是禮一佛，甚至將六道四生同作佛想，故禮一拜，遍通法界。

五、遍入法界禮

又稱「起用禮」。觀想諸佛不離我心，我心不離諸佛，性相平等無增減，所以禮一佛即遍通諸佛。

六、正觀修誠禮

又稱「內觀禮」。知一切衆生皆有佛性，因迷失而心外求佛未能覺悟。禮佛實自禮自身佛，不緣他佛。

七、實相平等禮

前面幾種禮佛觀法，仍有分別對象，認爲有禮、有觀，自他兩異。實相平等禮，則是無自、無他，體用不二。

如能在拜佛中，體會七種禮佛法的不同，將能由淺入深契入法理。

Question

17

拜佛的正確姿勢爲何？

拜佛的方法很簡單，但是有很多細節容易被忽略，如果能夠留意，不只能讓我們拜佛的姿勢更莊嚴，也能讓身心輕安柔軟，愈拜愈法喜。

拜佛的正確姿勢與方法爲：

一、合掌做預備姿勢

身體挺直站立，雙手合掌，雙腳重心放在腳底。

身體：頭頂天、收下巴，放鬆臉部的肌肉；腰背自然挺直，身體保持放鬆。

雙手：合掌當胸，使身體端正，心更專注。合掌的動作是雙掌平貼，手指併攏，大拇指靠著食指不分開；手掌呈四十五度傾斜，靠近胸前，手臂自然放鬆輕靠著身體；目光垂視在中指指尖。

雙腳：站成外八字形，腳跟相距約二寸（約六公分），腳尖距離約八寸（約二十四公分），此即所謂前八後二。前八後二的站法，能讓二足跟平均承載身體重量，重心穩固。拜佛時，要留意從拜下到起身，雙腳始終保持原地不動。

二、彎腰行禮

慢慢彎腰蹲下，左手保持當胸的位置，右手向前伸出，右掌先著地，雙膝跟著跪下。彎腰拜下時，全身保持放鬆，頭部和身體盡量維持一直線。跪下時，雙腳腳尖保持原地不動，腳掌不翻掌，如此起身才會保持在原地位置。伸右手時，不要太往前伸，避免臀部翹過高，臀部應盡量靠在腳後跟上。

三、雙膝跪地頂禮

雙膝跪下後，左手向前越過右手約半掌距離，輕輕著地，右手再向前移動，與左手對齊。頭部輕輕拜下，額頭平貼地面於雙掌之間。頂禮時，以額頭輕觸地面，勿以頭頂貼地。

四、雙手翻掌

雙手握虛拳，向上翻掌，如蓮花般承接佛足。翻掌時盡量翻平，使掌心平面向上，手指不張開，也不過度用力，保持清楚放鬆。此時，雙腳膝蓋、雙手手肘及額頭都已觸地，即「五體投地」。

五、身體起身

雙手再握虛拳翻回，手掌打開平貼地面；身體起身，額頭離開地面。

六、回到合掌

右手回到右膝前方，左手當胸，用右手的力量將身體撐起來。身體恢復直立，回到合掌姿勢。

Question 18

拜佛為何要頭面貼地、五體投地？

拜佛的五體投地禮，原是印度最隆重的禮法，五體投地的五體，包括二肘、二膝、頂，如果沒有頭面貼地禮敬，非眞正的頂禮。佛教沿用此禮法，以表達最高敬意。但是拜佛的功能不只是禮敬佛菩薩，也能幫助修行，懺悔業障，讓心恢復清淨。

以最尊貴處頂禮最卑下處

不論誦經、持咒或打坐，都能助人達到身、口、意三業清淨，但是拜佛最獨到的地方在於，拜佛的動作——五體投地，能起到轉化的作用。五體投地是以自己最尊貴的部分，去頂禮對方最卑下的部位，在這個姿勢當中，會讓人生起謙卑、不足之感。

（釋常鐸　攝）

放下自我，調伏我慢

一般人總認爲自己高高在上，不願對他人低頭或認錯，當我們願意俯身拜下，把自己全然交給大地和佛菩薩時，放下自我，心也會變得柔軟、謙下、澄淨，一次禮拜便能折服一分煩惱習氣，能徹底調伏我慢。

Question

19

拜佛時爲何要垂視，不雙眼直視佛像？

佛像的莊嚴美感，有時會讓人不禁看得目不轉睛，深深讚歎不已。《楞嚴經》中，阿難尊者會隨佛出家，也是因見佛相好莊嚴故。但爲什麼拜佛時，不要雙眼直視佛像呢？

見佛相好，見賢思齊

見佛相好，確實能啓發我們見賢思齊之心，希望自己也能修行圓滿如佛，然而如果只執著於佛像的外在身形，沒有向內探索自己的佛性，便無法見性，反而是心外求法著相了。

垂目內斂，內觀身心

佛教拜佛的目的，並非透過與神溝通交流，企求凝視神明而得到神蹟感應。拜佛反而是向內自省，並喚醒自己的佛性。禮佛者應謙虛恭敬，收攝身心，目光內斂，這樣才能調伏自大慢心，往內觀照自己的身心現象。

而當人舉目抬頭時，下巴也會自然抬起，不是心浮氣躁便是心高氣傲。在拜佛時，如果不垂目低頭，抬頭後仰的結果，可能會損傷頸部，並造成背部、腰部緊繃，導致頭昏背痛。

但是，垂目內斂並非閉眼養神，而是不讓心向外奔馳。拜佛時，仍要睜開眼睛垂視，才能保持清醒，開啓慧眼，不至於拜佛拜到睡眼惺忪昏沉了。

Question

20

拜佛時會膝蓋痛怎麼辦？

拜佛如果常常拜到膝蓋痛，很難感受到法喜，而持續以拜佛爲修行方法。如何正確拜佛？使用適當的工具是重要的。

鋪上方墊與毛巾

在家拜佛時，不管是站在堅硬的木質地板上，或水泥地、磁磚地板上，可以鋪上方墊或大條毛巾，除保護膝蓋，也避免因地板濕冷寒氣而著涼。

減輕膝蓋負擔的拜佛方法

拜佛若是容易膝蓋痛，可以採用減輕膝蓋負擔的拜佛方法，合掌的預備動作後，身體不往前彎腰，直接屈膝蹲下。左手當胸，右手向前伸出，帶動身體往前傾，右手輕輕著地。雙膝隨著左手著地時跪下，左手較右手向前伸出約半掌距離，然後頂禮翻掌。起身時，身體重心稍微往後，使腳底板完全貼地幫助施力，再撐起身體回到直立合掌姿勢。

這種拜佛方式，可以減輕膝蓋跪下著地與起身時所承受的力量。

（法鼓文化資料照片）

Question

21

拜佛時會頭暈腦脹怎麼辦？

有的人一拜佛，不是頭痛就是頭昏腦脹，會因此以爲自己業障重，而不敢拜佛。其實，我們拜佛就是爲消業障，不能以此爲由而自我設限，應該找出身體眞正不舒服的原因。

拜佛姿勢不正確

拜佛產生的頭痛或頭昏腦脹，常見的原因是姿勢不正確。拜佛時，頭部要和身體維持一直線，勿太抬高翹起臀部，頭部太過向前，除姿勢不雅觀，而且臀高頭低的倒栽狀，會造成大腦充血，呼吸不順，腰肌緊張，壓迫腹腔與神經血流，身體難承受壓力的猛烈突變，非常容易頭暈不適，甚至眼冒金星。

額頭貼地時，雙眼不要閉起來，以免起身時頭暈目眩，也能清楚看到額頭與地面的距離，防止頭部撞到地面。

放鬆頭腦、放下心事

另外，原本拜佛應是放鬆身心來拜佛，如果操之過急，急跪急站，難免心浮氣躁，身心緊繃。拜佛不只要放鬆身體，也要放鬆頭腦、放下心事，如果頭腦一直不停在思考，氣血無法暢通，自然容易緊張頭痛。

拜佛原本能讓人心思澄淨、頭腦清爽，莫因姿勢不正確而昏沉頭痛，影響修行動力。

Question

22

拜佛爲何有快拜、慢拜不同方法？

一般拜佛用正常速度即可，但是遇到身心有特別情況，則可以透過快拜與慢拜兩種不同的速度，幫助我們調節身心。

慢速拜佛易內觀

慢拜的適用時機，爲頭腦清醒、身體輕鬆時慢速拜佛，讓我們能更清楚地向內觀照自己。當身體放慢速度時，心也會跟著放慢、放鬆，身心更容易調柔。此時，很多平常感覺不到身心僵硬處，都慢慢能感受到，透過慢速拜佛，一次再一次地放鬆、放下，讓自己心平氣和，如透光水晶般明澈。

（李東陽　攝）

快速拜佛調煩惱

反之，當身體非常疲累，或是煩惱雜多時，需要快速拜佛。疲累時，即使只是拜佛十分鐘，也能使身體感覺放鬆，免除身心緊繃難以入眠。而心煩意亂時快拜，可將注意力從煩惱轉移至身體，幫助我們放下種種胡思亂想和情緒困擾。

不論是快拜與慢拜，都是幫助我們恢復身心平衡的有效方法。

Question

23 沒有佛堂或佛像也可以拜佛嗎？

佛堂、佛像是幫助我們修行的方便，如果沒有佛像，可以用佛經、法語代替，因爲這些都出自佛教典籍或祖師大德的智慧語錄，本身便具足佛的法身、佛的智慧。例如唐朝百丈禪師所開創的叢林道場，沒有擺設佛像或其他佛教形象的佛堂，卻有講經說法的法堂，因爲百丈禪師認爲佛法就代表佛寶，見法即見佛，禮法如禮佛。

用禮拜安頓身心

聖嚴法師在〈拜佛的意義〉一文中便指出，無論是感恩禮拜或懺悔禮拜，主要是發自內心至誠懇切的意念，並不一定要在佛像之前，也不局限於特定場所。

而聖嚴法師早年隨軍隊來臺時，營區內不設佛堂也沒有佛像，而且經常行軍移防，但法師仍每天拜佛不間斷，當時法師所採取的方法是，知道哪個方向有道場、有佛像，便朝著那個方向禮拜，藉此安頓身心。

拜佛方向不設限

拜佛的方向，以佛法的觀點來看，十方世界都有佛出世、說法、度眾生，佛與菩薩的法身，遍處都是，永遠都在，因此不一定要朝哪個方向禮拜，大抵以環境乾淨明亮，能夠安心攝心為原則。

不過，對淨土法門的修行者來說，通常會面向西方禮拜，《淨土聖賢錄》便記載許多專拜西方的祖師大德，如宋朝的慧誠法師、元朝的優曇法師，除表達自己對於西方極樂世界的恭敬與嚮往，同時也提醒自己念念時時不忘求生西方。

Question

24

平時禮拜藥師佛，往生後會去哪裡？

佛教認爲，平日禮敬哪一尊佛菩薩，和往生的去處，並不直接相關；人死後的去處，主要受到幾種力量的牽引：一是「隨重」，依生前造作的善惡衆業最重大者先行受報；二是「隨習」，隨平日養成的善惡習氣投生；三是「隨念」，隨臨終前的念頭，而受生六道或往生佛國淨土。

個人一生的造作和發願，微細如身、口、意三業行爲和起心動念，都左右了死後去處。我們學佛修行，最希望的是能發願往生淨土，不希望在生死輪迴中流轉到不知去向。

由於如此，佛教主張人們應當諸惡莫作、衆善奉行，修正不良的習氣，留意自己日常的起心動念，念念不忘佛、法、僧三寶，將自己所做的一切功德，做爲往生佛國淨土的道糧。而拜佛能幫助我們修行，清淨身心，培養福德。

不能只拜佛，卻不學佛

我們不能將禮拜藥師佛，當成像買保險一樣，以為只要有了保險就安全，還是需要用功修行，儲蓄修行的資糧。不能只拜佛，卻不學佛。平時禮拜藥師佛、修藥師法門，不僅僅是祈求身體健康、安樂豐足，更要學習無量諸佛的圓滿人格、救濟眾生的悲願。由於藥師如來未成佛前，悲憫眾生所受的種種苦惱，因而發下十二大願，每一個誓願都和利益眾生有關，是學佛修行的典範。

掌握自己的往生去處

十二大願啓示我們，在現世人生樂的基礎上，還要自淨身心、自作福德，也要幫助他人、改善社會。依照藥師如來的本願來行願，由端正內在做起，再擴及到利益大眾，也就是在平時心存善的意念，持守善的習性，發願踐行諸佛菩薩服務大眾的精神，往生的去處就能夠由自己掌握。

在《藥師經》中也提到，念佛持戒的眾生，發願往生西方極樂世界，親近阿彌陀佛，臨命終時若心力不足，聽聞藥師如來名號，就會有八大菩薩親來引導到達蓮邦。可見諸佛的功德願力相通，主要關鍵在於學習者能不能與之相應。

Question

25 拜佛要燃香嗎？

拜佛不一定要燃香，供佛最重要的是供養心，已經證悟的諸佛菩薩，不會貪戀人間的香氣與美食供品。

燃香為感恩與淨心

燃香供佛的目的主爲表達禮敬，感恩佛菩薩爲我們指出離苦得樂的道路，同時也希望能藉由燃香來淨化紊亂的心念，學習佛菩薩的慈悲與智慧。

很多現代寺院沒有傳統「香火鼎盛」的煙霧彌漫景象，佛前只有一個小香爐傳來淡淡的香氣，氣息非常沉靜。前來禮佛與共修的信眾，不需要各別點香供佛，可以直接專心拜佛修行。

（李東陽　攝）

過於濃郁的香氣，有時會影響禪修或拜佛時的心。因此，居士在家早晚課拜佛前，可以點香供佛，但如果是以拜佛為定課，不一定需要燃香。

一瓣心香，普供諸佛

拜佛最重要的是點燃心香，佛在世時，便是令諸弟子以智慧火燒無價寶香，供養十方諸佛。無價寶香即如同《觀心論》所說五種正法之香：

1. **戒香**：能斷諸惡，能修諸善。
2. **定香**：深信大乘，心無退轉。
3. **慧香**：常於身心，內外觀察。
4. **解脫香**：能斷一切無明結縛。
5. **解脫知見香**：覺察常明，通達無礙。

Question

26

拜佛能種善根嗎？

善根的梵文kuśala-mūla，意思是破惡、生善的根本，又譯爲善本、德本。善根是衆生本有的，但是如果不親自加以培養，善根就不會增長、顯現。《法華經》所說的「不種善根」，意指不修學佛法，也就生不起本有的善根了。

生起一念的敬意或信心

只要對佛、法、僧三寶生起一念的敬意或信心，都是種善根，拜佛自然能種善根。但是善根也分多寡，如同聖嚴法師於《絕妙說法——法華經講要》所說明的：修學佛法是「有善根」；精進修行是「多善根」；修行懈怠是「少善根」；不學佛法是「缺善根」；不學佛而又造惡業，則是「增不善根」。

因此，善根也依用功情況而有深淺，就好像學生讀書，有程度的不同。用功的學生，自然培養出深厚紮實的善根，根深而大，生長力便會增強；如果荒廢不用功，善根也就停滯無法成長，根小而弱，遇到風雨烈陽，就容易受環境影響，還可能因而起退心。

用功拜佛種善根

由此可知，種善根得靠自己努力，善根愈種愈深厚，拜佛修行不懈怠，將有助於修行時減少障礙，也更有著力點。進一步來說，善根即是佛性，是成佛的直接因。成佛必須具備五種善根，即「信、精進、念、定、慧」，善根發起後，修行的工夫才算著力，而能繼續精進修行。每一種善根的根基都有力量，是解脫道和菩薩道的基礎，所以稱爲「根」。這些善根的增長，全賴自己用功努力。所以，要珍惜與把握拜佛的用功機會。種下善根後，要好好耕耘佛國淨土，才會開花結果！

（李蓉生　攝）

Question

27

拜佛要計數嗎？什麼時間拜佛比較恰當？

一般而言，拜佛次數的多寡與時段，皆沒有特別的限制，可以按照自己的時間和體力，以定時或定量的方式來安排修行功課，例如：每天拜佛三十分鐘，或一天三百拜、五百拜等。

修行要有著力點

常見的拜佛次數有三十二拜、四十八拜等等，這些數字通常代表佛菩薩的大願，例如三十二拜象徵頂禮觀世音菩薩的三十二個應化身、四十八拜則是禮敬阿彌陀佛的大願；也有以「七」爲基礎的二十一、四十九、一〇八拜等等。對佛教徒來說，無論是拜佛、念佛或誦經皆可訂下目標，讓精進用功更有著力點，不過這些數字只是個人用功的方向，並無高下優劣之分，重點在於能持之以恆，將這股安定的力量延續到日常生活中。

不貪求數字

拜佛的時候，不求快也不趕數字。《虛雲和尚年譜》便曾記載，虛雲老和尚在寧波阿育王寺禮拜佛陀舍利時，因爲看見舍利出現七彩顏色的變化，心生歡喜，爲了看到更好的瑞相，結果愈拜愈急切，反而拜出一身病來。定課固然可以督促自己精進不懈怠，但如果變成趕進度，或帶著比較心、期待心來做功課，可能會愈拜愈浮躁，不但身心無法安住，也失去拜佛的意義了。

除了定時定量拜佛，當身心比較浮動或昏沉的時候，也可以暫時停止手邊的工作，起身拜佛。禮拜的時候，清楚身體的每一個動作、細節，一邊調整呼吸、速度、重心，慢慢地，身體會由僵硬緊繃到柔軟放鬆，心也會跟著從散亂到專注，尤其拜佛的速度愈慢，身心愈容易安定。

Question

28

什麼是朝山拜佛？

朝山拜佛的主要目的，在於懺除罪業及消融傲慢。朝山者用最虔誠的五體投地和最尊貴的額頭來頂禮大地，自然能生起慚愧、懺悔心，放下自我的傲慢與執著，爲自己從過去生無始以來，不論有意或無意所犯下的種種過失，至誠懇切地懺悔。

朝山拜佛的方法

朝山者要心存恭敬心，以「三步一跪」的方式，身體俯貼在大地上，感恩大地孕育一切萬物的心，也會油然而生，才能知福、惜福，放下對大地的傲慢心，爲人類恣意破壞大地的種種行爲懺悔。

聖嚴法師曾說：「朝山的地方就是聖地，我們是來聖地朝拜，不是來觀光遊覽而是來致敬。聖地是弘揚佛法的場地，就是有佛法的地方，有佛法的山就是靈山聖地，就值得我們來禮拜、來致敬，所以到靈山聖地來禮拜朝山，就是最好的一種修行方法。」

朝山拜佛的要領

朝山的方法，有兩大要領，首先是用「禪修」提起精進心：「自調伏其心、息諸緣事，供養三寶嚴飾道場，淨諸衣服，一心繫念。」再者是「放鬆」，朝山者可藉由經行先放鬆身心。

至朝山起點後，要行禮如儀，先禮佛三拜、念朝山發願文，接著開始朝山禮拜。如是唱誦「南無本師釋迦牟尼佛」聖號，要帶著感恩心虔誠唱誦，並配合腳步三步一拜：南無「雙腳不動」，本師「右腳」，釋迦「左腳」，牟尼「右腳」，

（李東陽　攝）

佛「兩腳併立」，聽鐘聲拜下，聽引磬聲起立。朝至朝山終點標示牌地點，在向上一問訊後，大眾齊念朝山迴向文，便再禮佛三問訊，結束朝山。朝山禮拜亦可以「南無大悲觀世音菩薩」爲對象。

Question 29

什麼是彌陀拜願和觀音拜願？

拜願，即拜佛發願的意思，透過禮拜佛菩薩的聖號，和佛菩薩同發大悲願心。每位佛菩薩都是因發願而成就佛道，都是因發廣度眾生的願心，我們如能透過學習佛菩薩發願，將能在修行路上不畏困難，勇往直前，視所有的順逆境都是自利利他的機緣，感恩珍惜。

用拜願超度自己與眾生

拜願可在家自修，隨著音檔播放的聖號禮拜，但如能定期參加寺院共修，共修的力量將能推動我們不斷成長。拜願不只能堅定自己的信仰，能超度自己，也能超度眾生，因爲每一拜都包含了諸佛菩薩的廣大願心。

（江思賢　攝）

拜願的種類很多，彌陀拜願、觀音拜願爲其中特別常見的方式。彌陀拜願的目的，是希望自己能像阿彌陀佛一樣，點亮心燈，以無量光明普照世界，並發願修福修慧以往生西方極樂世界。

觀音拜願常見於觀音法會中，一面稱誦觀世音菩薩聖號，一面恭敬頂禮。由拜願學習觀世音菩薩的慈悲智慧，超越個人的煩惱苦難。從相信觀世音菩薩能聞聲救苦，除一切障礙、免一切苦難、滿一切願望、成就一切福德，進而學習菩薩精神幫助他人離苦得樂，滿足心願。

以佛菩薩大願為己願

面對一次又一次的修行考驗，藉由一次又一次的拜願，懺悔、感恩，讓我們得以放下個人煩惱，提起諸佛願心，透過願願相續的力量，我們的心即是彌陀之心，我們的願即是觀音之願。

Question

30

如何透過拜佛觀照自我？

拜佛，不只是單純的肢體動作，同時也是從外到內的觀照過程，可以運用「四念處」的修習原則觀照自我。

觀身、受、心、法

聖嚴法師在《禪的世界》中指出，拜佛時觀照拜的動作是「觀身」，觀照拜的肢體覺觸是「觀受」，觀照所受的心念反應是「觀心」，觀照心念反應的情況是「觀法」。透過拜佛，清清楚楚了知每次拜下、起身的「身、受、心、法」，時時保持正念、正知。

「觀身」的方法，爲觀察身體彎腰、拜下、跪下等肢體動作，乃至身體移動、拉緊、伸展、放鬆等「觸」，要從粗大的肢體動作觀起，漸漸觀察細微的變化，並從外而內，從大而小，從點而面，從局部而全身地逐層觀照，清清楚楚每一個動作。

「觀受」的方法，則是觀察拜下或起身時，身體的「覺受」是舒服的（樂受）、不舒服的（苦受）或是中性的不苦不樂受。觀照時要注意，苦樂本身只是受，不要被苦受或樂受影響情緒。

「觀心」的方法，是指明察拜佛時的心念，觀照自己是用貪心、瞋心，或是愚癡心在禮拜。

「觀法」的方法，是從觀照拜佛時的身、受、心等身心現象的生滅，覺察無常、苦、空、無我的實相。

觀照身心的要領爲，不企圖改變或影響拜佛的行爲，例如不將身體的緊繃改爲放鬆，或將不舒服改爲舒服，只是清楚地覺察、了知當下的身心現象，直至最後看清這些身心現象的本質，都是無常、無我、空。

自我對話的反省時刻

透過拜佛的觀照自身，慢慢看見自己的執著，並且試著去改變，讓自己的身心更加柔軟；回到日常生活中，當我們身心都柔軟時，會變得溫和、謙沖，發現自己與周遭環境的關係也改變了，待人接物多一分感恩、少一分執著，減少了人我的摩擦，不再與環境的對立，這才是祖師大德鼓勵大家多拜佛的作用和目的。

（釋常鐸　攝）

3

認識佛像，禮敬諸佛

Question 31

佛像和菩薩像造像有何不同特徵？

一般人看到佛像與菩薩像，雖能區別，但若問到有何不同？一時也很難具體回答。佛與菩薩的造像多因功德特性不同，所以有不同特徵。

佛菩薩相好莊嚴度眾生

佛是「佛陀（Buddha）」的簡稱，梵文意爲覺悟的人，不但自己覺悟，也能覺悟他人，是自覺覺他，圓滿覺悟者。「三十二相」爲佛身顯著特徵的相好，「八十種好」則是佛身細微特徵的圓滿。因此，佛教藝術家便以三十二相做爲塑造佛像的依據，後來化爲所有佛像的共通標準。

菩薩是「菩提薩埵（Bodhisattva）」的簡稱，菩提是「覺」，薩埵是「有情」，所以菩薩是「覺有情」。菩薩是衆生成佛的必經身分，成佛必須先發大願心，以〈四弘誓願〉爲「上求佛道、下化衆生」的自利利他修行道路。因此，諸菩薩萬行爲成佛之因。

十方三世有無數的佛，一方佛土就有一佛教化衆生，而每位佛的左、右有二位等覺菩薩爲脇侍，等覺菩薩是修行層次最高的菩薩，即將成佛。例如阿彌陀佛有觀音、勢至二脇侍菩薩，合稱彌陀三尊；藥師佛有日光、月光二脇侍菩薩，合稱藥師三尊。

佛菩薩造型特徵不同

漢傳佛教的佛像造型特徵，一般爲出家的比丘相，頭部頂骨有隆起的「肉髻」，頭髮爲右旋呈螺旋紋的「螺髮」，眉間有白毛右旋的「白毫」，雙耳垂肩，身穿袈裟，簡樸無裝飾物。

漢傳佛教的菩薩像造型特徵，則除了地藏菩薩爲比丘相，通常都裝飾華美。印度早期菩薩像多以釋迦牟尼佛出家前的悉達多太子穿著樣貌爲主，頭梳髮髻，頂戴寶冠，身披天衣，配戴珠寶瓔珞，呈現印度貴族的典雅莊嚴形象。

佛菩薩的手印、持物各有不同的涵義，代表他們的功德與誓願，通常由此可識別不同的佛與菩薩，例如釋迦牟尼佛的降魔印、阿彌陀佛的接引印，或是藥師佛手持藥缽。

而爲使佛像更爲端莊嚴正，而有種種莊嚴飾物，稱爲「身莊嚴」，例如：

台座：爲安置佛像的底座，常見的爲金剛座與蓮花座。金剛座又稱須彌座、菩提座，是釋迦牟尼佛的成道座處。蓮花座又稱蓮台，是以蓮花爲座，常爲佛與菩薩的台座。

（釋常鐸　攝）

光背：佛像的光相，可分為頭光和身光，總稱為「光背」，代表佛菩薩身所散發的種種光明。頭光，是佛與菩薩頭頂上所發放的圓光；身光也稱舉身光，則為佛特有的全身光相，有舟形、蓮瓣形、火焰形等等。

無論所見的佛與菩薩造型為何，拜佛都能讓我們身心莊嚴，如同置身於佛國淨土裡。

Question
32
娑婆三尊是哪三尊佛菩薩？

我們人類所居住處，就位於釋迦牟尼佛發願度化的「娑婆世界」。「娑婆」，意譯爲忍土、堪忍，因爲此土衆生忍受貪、瞋、癡三毒及諸煩惱，又稱「五濁惡世」——劫濁、見濁、煩惱濁、衆生濁、命濁。釋迦牟尼佛就在五濁惡世成佛，爲娑婆世界教主。

釋迦三尊，娑婆世界度眾生

爲調伏剛強難化的衆生，釋迦牟尼佛由兜率天下來人間、入胎、出胎、出家、降魔、成道、轉法輪、入涅槃，顯現「八相成道」的過程。成道後遊化人間宣說佛法，開展出八萬四千法門。

出自《地藏菩薩本願經》，由觀世音、地藏二菩薩於釋迦牟尼佛身邊爲脇侍的組合，被稱爲「娑婆三聖」。地藏菩薩與觀世音菩薩與娑婆世界眾生特別有緣，隨應化現，深受景仰。《地藏菩薩本願經》中，佛叮嚀地藏菩薩，在佛入滅後到彌勒降生以前，要於此世間教化六道眾生，直至解脫生死輪迴。地藏菩薩於是發下大願：「地獄不空，誓不成佛；眾生度盡，方證菩提。」

同樣在《地藏菩薩本願經》中，佛也對觀世音菩薩說：「汝於娑婆世界有大因緣。」《法華經．普門品》更描述，觀世音菩薩以種種形象遊化娑婆世界，普門示現，聞聲救苦，幫助一切眾生。

認識釋迦三尊

一、釋迦牟尼佛

釋迦牟尼佛是福德智慧修行圓滿的覺者，具有「三十二相，八十種好」，所謂三十二相，是印度公認偉大聖人所具備的殊勝容貌，包括頂上肉髻、眉間白毫、身體放光、廣長舌等隱性與顯性特徵。

釋迦佛造像常見結跏趺坐、垂足坐、正立姿、行走姿、吉祥臥等姿勢，以及觸地印（降魔印）、說法印（轉法輪印）、禪定印、施無畏印、與願印等五種手印，表達釋迦牟尼佛對衆生的契機教化。

二、觀世音菩薩

《法華經．普門品》記載，觀世音菩薩隨時聆聽衆生苦難，並現三十三種應化身廣行救度，其廣大法門與弘深悲願，深受佛教徒歡迎。唐代以後，幾乎每個寺院都供奉觀世音菩薩，信仰遍及半個亞洲。造像匠師更將經典中提及的三十三應化身，結合民間傳說，而有「三十三觀音像」，其中以手持淨瓶與楊枝的「楊柳觀音」最爲常見。

此外，觀世音菩薩還有「千手千眼」形象，每隻手中各有一眼，並持不同的法器。此為觀世音菩薩於千光王靜住如來處聽聞受持〈大悲咒〉後，發願化現一千隻視察苦厄的眼睛、以千隻手拯救眾生，當下即生出千手千眼，感動十方諸佛。千手千眼觀音，正象徵菩薩契機接引廣大眾生的悲願與善巧。

三、地藏菩薩

敦煌、龍門等石窟的早期地藏像，呈現在家裝束，然而唐代以後，地藏信仰開始盛行，依據《地藏菩薩儀軌》，菩薩「作聲聞形像，著袈裟端覆左肩，左手持盈華形，右手施無畏令坐蓮華」，從此地藏菩薩像多為身著袈裟、手持錫杖的出家比丘相，喻其不畏辛勞，前往天上、人間與地獄普施救度的偉大行願。

Question

33

西方三聖是哪三尊佛菩薩？

《無量壽經》云，娑婆世界的西方，距離十萬億佛土處，有一個極樂世界，這是阿彌陀佛四十八大願所成就的佛國淨土。極樂世界景象，自古以來令無數人悠然神往：七寶池裡盛滿八功德水，處處光明遍照，有寶樹與蓮花盛開，且眾生皆由蓮花化生，見佛聞法證悟後，未來必定成佛。

西方三聖，極樂世界接引者

根據《阿彌陀經》，只要稱念阿彌陀佛聖號，至一心不亂，加上平時行供養布施，累積足夠的善根福德，便得以往生西方；《無量壽經》記載阿彌陀佛四十八願，其中第十八願說，因有佛願力加持，只要十念稱佛聖號，就能前往西方淨土。而眾生臨命終時，阿彌陀佛會帶領觀世音與大勢至兩位脇侍菩薩，手持

（李東陽　攝）

蓮台前去接引，因而稱爲「西方三聖」或「彌陀三尊」。

彌陀信仰自東漢傳入後，受到北魏曇鸞法師的大力提倡，而於東晉開始流行，例如北朝石窟中，就已出現不少西方三聖的造像。阿彌陀佛以願力成就西方淨土，不論男女老少、貧富貴賤，皆可受持念佛法門，開啓修行的易行道，到了唐代，更創建專修念佛的淨土宗，淨土信仰從此深入民間，西方三聖的供奉更是廣爲流行。

認識西方三聖

一、阿彌陀佛

「阿彌陀」其意涵爲「無量光、無量壽」，能夠散發無限光明，遍照十方世界。做爲西方三聖的主尊時，阿彌陀佛常以立姿出現，雙手前伸施無畏與願印，代表走向受苦衆生，助其脫離苦海。觀世音菩薩、大勢至菩薩則分別站其左右側，一同接引臨命終者前往極樂世界。坐像時，則常於蓮台上結跏趺坐，雙手施無畏與願印，呈現出阿彌陀佛的安然與慈悲，幫助觀者更加堅定往生西方淨土的信心。

二、觀世音菩薩

阿彌陀佛的左脇侍觀世音菩薩，不僅與娑婆世界有極深的因緣，根據《無量壽經》、《觀世音菩薩授記經》等記載，觀世音菩薩更是西方極樂世界的一生補處菩薩，當阿彌陀佛涅槃後，就會繼任佛位，因此在佛教藝術中，觀世音菩薩頂上寶冠的化佛，即為阿彌陀佛。

三、大勢至菩薩

大勢至菩薩為阿彌陀佛的右脇侍，名號意為「智慧的大勢遍至十方」，又稱為「大精進」。《觀無量壽經》說他與觀世音菩薩身形、裝扮等同，與觀世音菩薩分別代表修道者所需的智慧與慈悲。因此造像上，大勢至菩薩經常手持蓮花，頭頂天冠，天冠裡有寶瓶，象徵智慧。當觀世音菩薩以慈悲之光遍照一切有情，大勢至菩薩則用智慧之光照亮黑暗，共同引領眾生離苦得樂。

Question

34 東方三聖是哪三尊佛菩薩？

《藥師琉璃光如來本願功德經》記載，距離娑婆世界十恆河沙國土以外的東方，有一個淨琉璃世界，爲藥師琉璃光如來發十二大願所證成的佛國淨土。藥師佛的左右兩側，則有日光遍照與月光遍照兩位脇侍菩薩，輔弼藥師佛宣行教法，合稱爲「東方三聖」，也稱「藥師三尊」。

東方三聖，現世修行得安樂

藥師法門盛行於日本、西藏等地，除了帶來除病延壽、消災解厄、豐衣足食等好處，藥師佛發下的大願，還包括引導衆生離惡趨善，增長智慧。人們無須遙寄來生，只要憶念藥師佛名、持咒、供養等方便法，今生就能受益。

從現世苦難中獲得解脫，只是初步接引，佛陀陳述藥師佛功德時，也說明眾生造作惡業的因果，藥師佛十二大願，則是幫助眾生離苦得樂的藥方，除了藥師佛的願力加持，更需要自己起而行，透過懺悔罪障、領受正法、持守淨戒、修持善業，才能獲得究竟解脫。

認識東方三聖

一、藥師琉璃光如來

關於藥師佛像的記載，可追溯至北魏，到了隋唐，藥師經變與說法圖已成為壁畫、浮雕常見的題材，有祈福消災的目的。而依據藥師法門相關儀軌，藥師佛像經常手執藥缽、藥丸或其他藥器，有施藥度盡眾生之意。部分造像則以彌勒像、觀音像為參考，把「淨瓶」也視作藥師佛的持物。由於《藥師琉璃光如來本願功德經》中，十二位藥叉大將聽聞藥師佛的功德後，皆發願皈依三寶，各自率領七千藥叉眷屬，不捨晝夜護持修行藥師法門者，所以藥師佛像身旁，有時還有十二位藥叉神將圍繞。

二、日光遍照菩薩

藥師如來的左右脇侍日光遍照與月光遍照兩位菩薩，為東方淨琉璃世界眾多菩薩之首，在藥師佛涅槃後，將依次遞補佛位。「日光」是智慧之意，日光菩薩像常以手持日輪，代表其智慧光明能照亮一切大地，令眾生從闇昧世間覺醒。

三、月光遍照菩薩

在佛典中，相較於勇猛的智慧之光，清涼的月光則是慈悲的象徵。根據《佛說月光菩薩經》，月光菩薩曾於過去世願為眾生而捨命，只求「令未受化者迴心受化，已受化者速得解脫，得解脫者圓證寂滅究竟彼岸」。此悲心感動十方諸佛，於是造像上，月光遍照菩薩常以手持月輪的形象出現，代表以慈光指引眾生。

Question

35

華嚴三聖是哪三尊佛菩薩？

娑婆世界教化眾生的釋迦牟尼佛，其法身為「毘盧遮那佛」，意指「光明遍照一切處」，而華藏世界是毘盧遮那佛在過去世中，因親近微塵數佛，淨修微塵數大願所成就的佛土。

華嚴三聖，圓融的修行法門

《華嚴經》中，由於毘盧遮那佛所證眞理是「言語道斷」，所以佛從頭至尾不發一語，以放光代替言語說法，宣說的任務則交給在佛左右兩側的文殊菩薩與普賢菩薩；《法華經》中，文殊、普賢兩位菩薩，也擔負為釋迦牟尼佛弘宣經典的責任。因此，根據宗派與供奉經典不同，「華嚴三聖」有時是由毘盧遮那佛與文殊、普賢兩菩薩組成，有時則是釋迦牟尼佛居中，兩位菩薩分站兩側。

華嚴三聖的組合，象徵圓融的修行，文殊菩薩代表智、慧、證，普賢菩薩則代表理、定、行，兩者互爲體用，展現解行並重的菩薩道歷程，最終才能達至毘盧遮那佛理智、定慧、行證皆圓滿的不二境界。

認識華嚴三聖

一、毘盧遮那佛

佛教的各種傳承裡，對於毘盧遮那佛有不同解釋。天台宗認爲，毘盧遮那佛爲佛的清淨法身，盧舍那佛爲報身佛，釋迦牟尼佛則是千百億化身佛的其中一佛；華嚴宗則把毘盧遮那佛視爲報身佛，是華藏世界的教主。不論哪一種解釋，毘盧遮那佛都代表圓滿不二的修行境界，而受到尊崇。造像上，毘盧遮那佛有時以結跏趺坐的佛身出現，有時則顯現戴著寶冠、瓔珞的菩薩相，手結法界定印、智拳印或毘盧印等。

（陳慧蓉　攝）

二、文殊菩薩

文殊菩薩以智慧超群著稱，無數佛皆是文殊弟子，所以被推崇爲諸佛之師。文殊菩薩像多爲頭頂五髻的童子相，並以青獅爲坐騎，獅爲百獸之王，以此比喻佛菩薩說法猶如獅吼，可令眾生信服，手上則拿著利劍和經本，象徵以智慧斬斷無明煩惱。

三、普賢菩薩

西元五世紀《華嚴經》中文譯本出現後，始有普賢菩薩的造像，早期多爲華嚴三聖之一，隋唐時出現許多普賢造像與經變。相對於文殊菩薩以獅子爲座騎，普賢菩薩的坐騎爲六牙白象，手持蓮花或如意等法器。六牙象徵六度的實踐，白色意爲清淨無染，而象身有力，步伐穩健，足以負荷法身，代表宇宙法界的體性。

Question

36

彌勒三尊是哪三尊佛菩薩？

佛教天界的各種享受，遠遠超越人界，但待天福享盡，命終後仍會墮入惡道，並不安穩可靠。然而，欲界天卻有一處淨土，有許多修行者都發願轉生，即是未來佛彌勒菩薩所在的「兜率內院」。

彌勒三尊，帶來希望的未來佛

彌勒菩薩出身於印度婆羅門家庭，是釋迦牟尼佛的弟子，現爲兜率淨土的本尊。《彌勒上生經》說，衆生只要勤修諸功德淨業與發願，至心念誦彌勒聖號，命終就能往生兜率天，親聞彌勒說法，消除九十億劫生死之罪，未來世亦得諸佛授記，道心永不退轉。

佛經說釋迦牟尼佛滅度五十六億七千萬年後，彌勒菩薩將下生人間成就佛道。屆時人間風調雨順，眾生平等、身無病苦，彌勒佛於龍華菩提樹下舉行三次傳法後，令二百八十二億眾生證得阿羅漢果。

彌勒菩薩乘願再來，實現人間淨土的大願，為苦難眾生帶來無窮的希望，自北魏到唐代彌陀信仰十分興盛。此外，彌勒在藏傳佛教也很受重視，彌勒成佛後，身邊有大妙相菩薩、法華林菩薩等兩位脇侍菩薩助其弘化，合稱「兜率三聖」或「彌勒三尊」。

認識彌勒三尊

一、未來佛彌勒菩薩

做為未來佛，彌勒信仰在佛滅度後相當興盛，世界上第一尊菩薩像，即是彌勒菩薩。最初，彌勒造像多為交腳的菩薩造型，象徵在兜率天等待下生，然而自

（鄧博仁　攝）

北魏彌勒下生信仰盛行後，開始以未來佛的形象出現，呈現雙腳自然垂下的善跏趺坐，並且手結說法印。彌勒菩薩的思惟像，造像常爲翹足坐姿，一手置於腳上，一手支頤做思惟狀，呈現出閒適、優雅的姿態，稱作「半跏思惟像」。

二、大妙相與法華林菩薩

從唐代寺院和石窟流傳下來的「彌勒下生」經變相，描繪彌勒佛在人間說法的景況，而如同其他「三聖」組合的傳統，彌勒做爲未來佛出現時，身邊也有法華林和大妙相兩位脇侍菩薩，此一佛二菩薩的慣例組合，呼應大乘佛教重視傳承與行菩薩道的精神，使「兜率三聖」也成爲歷代造像主題。

Question

37

雙佛並坐是哪兩尊佛？

在中國的石窟壁畫及浮雕中，經常可見「雙佛並坐」的畫面。雙佛指的是哪兩尊佛？爲什麼他們會同時出現，並肩坐在同一法座上呢？

雙佛並坐，不生不滅的佛性

雙佛並坐，出自《妙法蓮華經．見寶塔品》。多寶佛在未成佛前曾發願，將來成佛涅槃後，十方佛土中，只要有佛宣說《法華經》，多寶佛便會前來護持、聽法，因此當釋迦牟尼佛在靈鷲山開演法華大義時，多寶佛塔即從地湧出，此時在他方世界說法的多寶佛與釋迦牟尼佛的分身，全都集合參與這場盛會。

現場大眾歡喜踴躍，都想見見這尊古佛。佛陀於是升空開啓寶塔，塔內只見多寶佛開口讚歎：「釋迦牟尼佛，你現在教導《法華經》，眞是太好了，我正是爲了聽經而來的！」接著便挪出座位請釋迦牟尼佛與他同坐。於是，雙佛比肩而坐的經典畫面，就成了法華圖像最爲人熟知的題材。

《法華經》的雙佛並坐，這段過去佛與現在佛的相遇，不僅是多寶佛的願力使然，更代表著一種超越——肉身有開始和結束，也會經歷生、老、病、死的循環，但法身卻是不滅的。

多寶佛

多寶佛又稱大寶佛、寶勝佛、多寶如來，來自東方寶淨世界。爲菩薩身時，曾發願未來在任何時間、任何地點，只要有佛講說《法華經》，便會現身讚歎。多寶佛的造像形式，據《法華曼荼羅威儀形色法經》記載，全身爲金黃色，頭戴髮冠，結智拳印，身披袈裟，結跏趺坐於大蓮花座上。

Question

38

三世佛是哪三尊佛？

走進佛寺的大殿，經常可見三尊佛像並坐高台上，這三尊佛是大乘佛教主要皈敬的對象。

三世佛，超越時空的祝福

三世佛的出現，最早是在《阿含經》裡提到「過去、未來、現在諸佛」，到了初期大乘佛教，則進一步發展出「多佛並世」的思想，分為豎三世與橫三世。

一、豎三世佛

是以時間之流呈現過去、現在、未來的三尊佛，分別為過去燃燈佛（或迦葉佛）、現在釋迦牟尼佛、未來彌勒佛，象徵佛與佛之間的授記，願願相承。三尊

（釋常鐸　攝）

供奉於一堂時，正中爲釋迦牟尼佛，其左側爲燃燈佛，右側爲彌勒佛。

二、**橫三世佛**

又稱「三方佛」，以空間方位呈現東方、中央、西方世界的三尊佛：由釋迦牟尼佛居中，住持娑婆世界；其左側爲藥師佛，住持東方淨琉璃世界；右側爲阿彌陀佛，住持西方極樂世界。

三寶佛為珍貴佛寶

三世佛又作「三寶佛」，此說源自明清時期俗稱，是將佛、法、僧三寶，均以佛寶看待，表示三世佛的珍貴。

三佛的造像特點，是身軀比例相等，結跏趺坐，僅以手印做爲區隔。一般常見的手印有：施無畏印、說法印、觸地印、禪定印、與願印等等。

橫三世佛中，常見的是三尊佛結禪定印，手中持物各有不同：釋迦牟尼佛手持缽或寶珠，藥師佛則托一藥缽或寶塔，阿彌陀佛是以手捧蓮台做爲接引；也有以藥師佛做與願印、釋迦牟尼佛持說法印，阿彌陀佛結彌陀印。

寺院中的豎三世佛並坐並不多見，一般以雲岡石窟數量較多，其特別處在於未來佛彌勒佛仍爲菩薩身，因此以交腳坐姿爲主。

Question 39

五方佛是哪五尊佛？

五方佛信仰以密教爲主，指的是以大日如來爲中心，加上東、西、南、北方各有一佛，共五佛，又稱五智如來、五智佛、五禪定佛。

密教至尊五方佛

唐代不空法師翻譯的《菩提心論》記載，大日如來（毘盧遮那佛）爲教化眾生，將其自身具備的五智，幻化爲五方五智五佛，所以五尊佛都是大日如來的分身。中央爲大日如來，代表法界體性智；東方阿閦佛，代表大圓鏡智；南方寶生佛，代表平等性智；西方阿彌陀佛，代表妙觀察智；北方不空成就佛，代表成所作智。

清淨五毒，轉識成智

密宗認爲人人皆具備如來藏，換言之，一切衆生本具清淨菩提心，大日如來象徵的就是衆生本有的光明體性，即法界體性智。修行的目的在於使自己與大日如來合一，轉識成智，究竟明心見性。

五方佛造像通常是一式五尊，差別在於手印與法器。至於五方佛的繪畫則依其代表色，用五種顏色來表示，最著名是敦煌三七〇窟的壁畫；在密教的法會上，常見五方佛的唐卡或曼荼羅。

一、大日如來

別稱毘盧遮那佛，位於五方佛中央，顏色白色，雙手胸前做講經印，代表意義爲自性清淨，所轉煩惱爲無明，所淨五蘊爲色蘊，所成佛智爲法界體性智。

二、**不動如來**

別稱阿閦佛，位於五方佛東方，顏色藍色，右手結觸地印，左手結根本定印，代表意義爲法性不變，所轉煩惱爲瞋心，所淨五蘊爲識蘊，所成佛智爲大圓鏡智。

三、**寶生如來**

位於五方佛南方，顏色黃色，右手結與願印，左手結根本定印，代表意義爲增益行願，所轉煩惱爲我慢，所淨五蘊爲受蘊，所成佛智爲平等性智。

四、**阿彌陀佛**

位於五方佛西方，顏色紅色，雙手結根本定印，代表意義爲平和安適，所轉煩惱爲貪欲，所淨五蘊爲想蘊，所成佛智爲妙觀察智。

五、不空成就佛

位於五方佛北方，顏色綠色，右手結施無畏印，左手結根本定印，代表意義為一切成就，所轉煩惱為嫉妒，所淨五蘊為行蘊，所成佛智為成所作智。

Question

40

七佛是哪七尊佛？

七佛，是娑婆世界裡，時間上距離我們最近的七尊佛，由於這七尊佛已經涅槃，又稱「過去七佛」，依序分別是：

七佛

- 過去莊嚴劫
  1. 毘婆尸佛
  2. 尸棄佛
  3. 毘舍浮佛
- 現在賢劫
  4. 拘留孫佛
  5. 拘那含牟尼佛
  6. 迦葉佛
  7. 釋迦牟尼佛

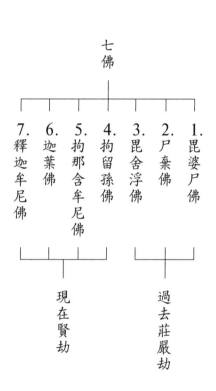

追尋覺者的足跡

七佛信仰主要來自《長阿含．大本經》及《佛說七佛經》。某日，比丘們討論佛法時提到：「我們的娑婆世界有佛出世，那麼在這之前，是否也有佛出世？這些覺悟者來自什麼樣的家族？如何修道成佛？用什麼方法度化衆生？身旁又有哪些弟子？」

佛陀知道後，便向大衆說明過去六佛及自己的應化事跡，並以毘婆尸佛為例指出，從兜率天降生、入胎、出胎、出家、降魔、成道、說法、涅槃，是諸佛共通的生命歷程，尤其過去七佛都是因為見到世間的老、病、死苦，從中體悟四聖諦、緣起法。因此，我們只要依循諸佛修行的方法，便得以解脫生死。

七佛與化世偈

《增一阿含經・十不善品》中，釋迦牟尼佛細數七佛的生平外，特別提及每一尊佛的教戒，而「諸惡莫作，諸善奉行，自淨其意，是諸佛教」被視為過去七佛的通戒，《增一阿含經》更將此偈視為四種阿含全部內容的濃縮，舉揚「一偈之中，便出生三十七品及諸法」。

七佛與化世偈簡介如下：

一、毘婆尸佛

意為勝觀、種種觀、種種見。化世偈為：「忍辱第一道，佛說無為最，出家惱他人，不名為沙門。」

二、尸棄佛

意爲頂髻、最上。化世偈爲：「譬如明眼人，能避險惡道，是有聰明人，能遠離諸惡。」

三、毘舍浮佛

意爲一切有。化世偈爲：「不謗亦不嫉，當奉行於戒，飲食知止足，常樂在空閒，心定樂精進，是名諸佛教。」

四、拘留孫佛

意爲所應斷已斷、成就美妙。化世偈爲：「譬如蜂採華，不壞色與香，但取其味去，比丘入聚然，不違戾他事，不觀作不作，但自觀身行，若正若不正。」

五、拘那含牟尼佛

意爲金寂，金則明現，寂則無礙。化世偈爲：「心莫作放逸，聖法當勤學，如是無憂愁，心定入涅槃。」

六、迦葉佛

意爲飲光，光明可遮蓋其他光，猶如飲盡光。化世偈爲：「一切惡莫作，當奉行諸善，自淨其志意，是則諸佛教。」

七、釋迦牟尼佛

意爲能仁、寂默。化世偈爲：「善護於口言，自淨其志意，身莫作諸惡，此三業道淨，能得如是行，是大仙人道。」

（釋常鐸　攝）

4

禮拜法喜，安身安心

Question

41

無事不登三寶殿，有事才需要去寺院拜佛嗎？

有些人平日無事可能不會前往寺院禮佛。通常都是生活遇到困難時，才會想到是否應該去寺院拜拜，祈求佛菩薩保佑自己平安無事。

真正的平安無事

遇到困難時，去寺院拜佛求平安、求順利，當下確實能讓人的身心有所寄託，不徬徨無依。但是佛教徒既已皈依了三寶，佛、法、僧三寶應該常在我們的心靈殿堂，成為我們的人生方向依歸，而非只將佛菩薩供奉在寺院大殿或家中佛堂裡。

我們需要的不只是一時安全，而是日日平安、處處平安，拜佛就是一個常保平安的妙法，提醒人要善用佛法的智慧與慈悲，讓不安煩惱成為修福修慧的好機

（江思賢　攝）

無事不登三寶殿，有事才需要去寺院拜佛嗎？

會。佛教看待平安，並非萬事如意、無病無災便是平安，必須心安才能真正的平安無事。

寺院共修易成長

拜佛能助人放下種種牽掛，體驗清心自在。有時在家拜佛自修，容易懈怠而不自覺。若能到寺院參加法會的拜佛或拜懺共修，能幫助我們藉由大眾共修的力量，提起慚愧、懺悔心，不再陷於一己的煩惱漩渦裡，能提振心力，游回法海，與大眾共同歡喜成長。

Question

42

到寺院拜佛有什麼規矩嗎？

到寺院拜佛前，建議先電話請教寺院的知客處或服務中心，了解寺院的開放時間，以便確認適合參訪的時段。

留意飲食與穿著

如準備用過餐再去寺院禮佛，飲食宜選擇清淨的素食，勿食蔥、蒜等五辛，或是肉類，也勿抽菸、喝酒。畢竟拜佛是爲讓身心清淨平安，如果能以尊重的心來參訪禮佛，能讓自己更自在。

雖然拜佛不需要穿著特定的修行服裝，例如：海青或禪坐服，但是最好能穿著寬鬆舒適的衣服，以方便禮佛。服裝宜簡單樸素，不要穿著奇裝異服，或是背

（江思賢　攝）

心、短褲、短裙。

尊重寺院安排

如不清楚拜佛的規矩，可以請知客處法師或接待人員協助示範。爲方便拜佛，最好能身無長物地禮佛，如有背包或重物，應先卸除或存放寄物櫃內。通常到寺院拜佛，不需要自備供品，如有供品，應交由知客處安排處理，不要自行在佛桌供花、供果或點香。

進入大殿禮佛前，要先檢查儀容是否整潔，然後脫鞋、脫帽，慢慢安靜走入大殿，如有親友同行，勿高聲喧嘩。同時，也不要因一時好奇，隨意敲打木魚、大磬等法器，以免驚動他人。一般而言，在殿堂的中央拜墊，爲方丈或住持專用，信眾來訪應使用信眾禮拜的拜墊。

寺院拜佛，不需要拜遍所有的寺內佛菩薩，如果想禮敬不同殿堂的佛菩薩，可以頂禮三拜，或是雙手合十行問訊禮也可以。

Question

43

拜佛可以放鬆身心嗎？

現代人忙碌了一天之後，總想要找方法來放鬆一下，但是不論是看電視、滑手機，或是找朋友用餐、出遊，在一些刺激性的娛樂活動結束後，卻往往感覺更加疲累，不得輕鬆。

放下壓力，身心輕鬆

放鬆其實並不難，簡單的拜佛動作，就能達到放下壓力、舒展身體、心平氣和等多種紓壓效果。無論是簡單的合掌、彎腰、屈膝、伸手向前、俯拜等動作，拜佛的關鍵要領就是在於放鬆，全身是輕鬆、柔軟的。

不只可以下班後，在家拜佛消除身心疲勞，釋放累積的緊張壓力，幫助睡眠，上班午休或其他休息時刻，如公司有能拜佛的空間，也可以藉拜佛來柔軟僵硬的身心，化解久坐不動的腰痠背痛、頭暈昏沉。甚至如有心事，也可以拜佛來祈願，幫助自己轉壓力爲願力，恢復信心與活力。

柔軟謙沖，心懷感恩

拜佛能協助我們放鬆的眞正原因，是因放下了自我執著。只要心一執著不放，全身就會跟著緊繃。透過拜佛的觀照自身，能慢慢看見自己的執著，並且試著去改變，讓自己變得更柔軟；當我們身心都柔軟時，會變得溫和、謙沖，讓自己與周遭環境的關係得以改變，待人接物多一分感恩、少一分執著，減少了人我的摩擦，不再與環境對立，這也是佛教祖師大德鼓勵大家多拜佛的目的。

（釋常鐸　攝）

Question

44

爲何有人說拜佛是最好的運動？

拜佛，是佛教徒必學的基本行儀，但如同「素食」的風潮一樣，有愈來愈多人基於健康的因素，開始加入拜佛的行列，屈身拜佛的動作，看似簡單易做，其實對於鍛鍊身心有大助益。

西醫觀點：健身的低有氧運動

以保健醫學觀點來看，拜佛是簡單的肢體伸展動作，可以運動到全身肌肉，而且不會造成運動傷害。拜佛有瑜伽動作的柔軟，也結合了簡單的彎腰、屈膝、伸展的體操動作，無論年紀老少皆可學，適合日常健身，所以很多醫師鼓勵人們多多拜佛。

從雙手合掌、彎腰、屈膝、拜下、雙手向前伸到起立等拜佛動作，可活動到手、臂、背、腹、腿、頭等身體各部位，從西醫觀點來看，這些動作有助於拉開平日僵硬緊縮的肌肉，促進血液循環、燃燒體脂肪等效果。

如果能夠養成拜佛的習慣，有助於隨時注意不良姿勢，也能提醒自己放鬆。透過拜佛的練習，甚至可以矯正一些不良的姿勢習慣，例如脊椎挺立不駝背、雙腳可久站、頭不偏、不聳肩、目不斜視等。

中醫觀點：疏通氣血的最佳循環

從中醫的觀點來看，拜佛可說結合了道家氣功、印度瑜伽、太極拳、漢方推拿的益處，藉由規律性活動身體，且調整呼吸，來達到氣血的通暢，消除氣滯所引起的體內不調現象。

（李蓉生　攝）

透過反覆地屈身、起立運動，柔軟全身關節，活化腑臟，使得氣血在經絡中暢通循環，有助精神穩定，讓人身心平衡，疾病自然遠離。因此，拜佛被視爲很好的養生運動。

拜佛，不是迷信的儀式，也沒有神祕的色彩，無論從中西醫學科學立論、心理健康，或是以禪修的角度來看，不僅能讓人身體健康，有助身心放鬆、協調，最後還能達到與外境和諧，人我沒對立，這也是拜佛能超越宗教，廣爲人們接受的原因。

Question

45 生氣時可以拜佛消氣嗎？

拜佛，除了有助身體、生理健康的實際利益，對於情緒安定也頗有助益。

注意當下的動作

聖嚴法師指導禪修時，常告訴禪眾若心不安，感到很不耐煩，方法用不上時，可以拜佛；專注在拜下、起立每一個動作的感覺，隨著注意當下的動作，將身心放鬆，感覺自己身心逐漸地柔軟、安詳，心是沁沁涼涼的，最後是踏實、安穩的覺受。

轉無明火為智慧火

持戒嚴謹、一心弘揚淨土的懺雲法師，一生將拜佛當成定課，總叮嚀人們要

（梁忠楠　攝）

多拜佛。透過拜佛能使得上焦火下沉，頭腦清楚，內心自然安定，由外而內改善人的體質與性格，有助於修定。

當透過拜佛，慢慢消除憤怒，恢復冷靜後，便是反省自身的好時機，能轉無明火為智慧火。

Question

46

爲生病家人改拜藥師佛，原來拜的阿彌陀佛會生氣嗎？

佛教認爲諸佛的功德平等無差別，爲生病的家人拜佛祈福，不只拜藥師佛能安心，拜阿彌陀佛或觀音菩薩亦同。

佛佛平等

阿彌陀佛並非鬼神，不需要靠人供養禮拜以維生，所以不會有類似民間信仰拜鬼神，一旦停止祭拜，便會遭受種種降災的懲罰。阿彌陀佛只會賜福施恩，不會降禍害人，所以不論禮拜哪尊佛，阿彌陀佛都會讚歎。

例如《阿彌陀經》中，釋迦牟尼佛稱讚六方諸佛不可思議功德，鼓勵大眾發

（倪慶善　攝）

願往生西方極樂世界；而六方諸佛也稱讚釋迦牟尼佛不可思議功德。因此，佛佛平等，阿彌陀佛具有釋迦牟尼佛的慈悲，釋迦牟尼佛也有阿彌陀佛濟世的力量。

佛佛道同

所謂「佛佛道同」，每位佛菩薩都能滿我們的願望，如果爲滿足不同的願望，而常常更改禮拜對象和修行法門，將無法一門深入。學佛是學習佛的慈悲與智慧，只要專注修行一個法門，以佛、法、僧三寶爲依歸，即使不求現實生活利益，人生也會平安快樂。

不論我們禮拜哪一尊佛，稱念哪一尊佛的名號，只要具足信心，都能與佛的心意相通，拜一方佛即拜十方佛。

Question

47 拜佛可以消業障嗎？

在學佛的過程中，我們都遭遇過不少生理和心理上的障礙，例如：打坐時老是妄念紛飛，或者一聽經就打瞌睡，甚至心緒不定，無法長時間誦經，而無論障礙多麼千變萬化，爲什麼法師給的建議往往是「多拜佛，消業障」？拜佛眞的可以消除業障嗎？

拜佛清淨三業

業障，簡單來說，就是自己從過去種種行爲累積下來所產生的障礙，這些行爲包括心裡想的念頭、口中說出來的話，以及身體的姿態、作爲。拜佛的時候，心念虔敬而慈悲，口中默念佛號或〈懺悔偈〉，沒有散心雜話，加上身體的動作輕柔，就能達到身、口、意三業清淨的狀態。

一般人說錯話、做錯事，會認爲只要心裡知道自己錯了，下次改進就好，爲什麼還要拜佛？聖嚴法師在《念佛生淨土．懺悔業障是恆課》中指出，對著佛像表達慚愧懺悔之心，一方面是藉由殿堂的莊嚴、佛菩薩的福德威德，讓人感受到信仰的安定力量，另一方面則是請求佛來證明我們是誠心發露懺悔。眞正生起慚愧心時，才能眞正的懺悔業障。

坦然接受果報，讓心安頓

從佛法的因果定律來看，罪業並不會因爲拜佛而消失，但是透過一次又一次至誠懇切地拜佛、懺悔，體悟到身心上的障礙並非外來的懲罰，而是自己所作所爲的應現，很自然地會生起慚愧心、感恩心，心念轉化的同時，便能坦然接受一切的順逆因緣，進而放下種種的罣礙與不安，心也才能眞正安頓下來。

因此，在佛七期間，總護法師會經常勉勵大衆，參與共修之外，每天最少禮

（釋常鐸　攝）

佛三百拜以上；而西藏的金剛乘傳統，剛入門修行的人是從四加行開始，第一個加行便是禮佛十萬遍。

Question

48

老人家適合拜佛嗎？

一般人以爲銀髮族最需要照顧的是身體，所以特別留意飲食營養與養身運動的安排，但是很多老人即使衣食無虞、身無病痛，卻仍然悶悶不樂。特別是現代的小家庭生活，兒女常忙於工作，老人更容易感覺孤單，不知如何面對未來。因此，如何讓銀髮族找到安心的方法快樂生活，是讓黃昏歲月變成黃金歲月的關鍵。

拜佛能安頓晚年生活

拜佛正是銀髮族一個安身、安心的好方法，動作簡單沒有危險，能夠做爲柔軟筋骨、氣血順暢的好運動，更能夠透過禮佛將對生死大事的不安，化爲往生西方淨土的虔敬願心。拜佛，不但老人身安平安，連家人的心也同時平安，不用擔憂父母晚年生活無所寄託。

（江思賢　攝）

銀髮族拜佛要領

拜佛的適度運動，能幫助老人保健身體，心情愉快。身心放鬆後，自能身心柔軟，自在無礙。但是每個老人的身體健康狀況不同，所以在拜佛時，要就自己實際的身心情況，做彈性調整。

銀髮族的拜佛要領為：

1. 動作宜緩慢輕柔，勿操之過急而急跪急站。
2. 頭部不低於心臟，可避免頭暈眼花，防止腦血管破裂。
3. 次數宜循序漸進，能養成每日固定禮佛習慣最佳，但不勉強計數。
4. 不便拜佛時，可改為站姿鞠躬行禮問訊，或是念佛禮敬。

當養成每日拜佛的習慣後，不但晚年會有明確的人生方向感，更能感受到聖嚴法師所說的：「夕陽無限好，不是近黃昏；前程美似錦，旭日又東昇。」

Question

49

拜佛生不起慚愧懺悔心怎麼辦？

拜佛時，如果不易生起慚愧懺悔心，可能是因為感受不到我們與世界的連結有多密切，體會不到自己的生命承受多少眾生的恩德，這時可以先從感恩大地的拜佛方式來體驗。

感恩大地的恩惠

大地像母親、佛菩薩一樣，包容我們、寬待我們、接受我們、愛護我們，無論如何對待它，都寬大為懷，無條件的包容，這就是大地的恩惠。

拜佛時，大地就在面前，如果沒有大地無私地承載我們的身體重量，不但沒有立足之地，更無法生存。我們常說人要懂得感恩，要感什麼恩呢？凡是大地眾

（吳瑞恩　攝）

生都是我們的恩人。因爲大地承載著一切衆生，而一切衆生都皆從大地而生，所以大地萬物都是我們感恩的對象。

視大眾為親人

如果我們對不起大地上任何一物或一人，即是有負大地恩情，所以在禮拜大地時，要省思自己是否將所有的人都當作是親人、恩人般看待？不管遇到的是順緣或逆緣，都是我們的恩人，成就了我們的人生。我們處處都遇到恩人，時時接受別人的恩惠。

當能感受到我們的生命原來是如此而成，得到這樣多的衆生恩、大地恩，自然而然就會感到慚愧與懺悔，慚愧自己何德何能受此恩情，懺悔個性太過剛強。面對種種恩情實在無以爲報，只能拜佛禮謝大地衆生。

藉由拜佛的貼近大地，感受到我們生命的任何一部分，都和大地息息相關，便會時時刻刻抱著感恩、慚愧、懺悔的心對待大地，禮敬大地上的一切眾生。

Question

50 如何知道拜佛有沒有與佛心心相印？

佛像，原是佛弟子修行之用，藉由憶念、觀想佛的形象、名號、功德等，找到心靈安定的力量和生命追尋的目標。因此，我們透過拜佛的方式，不只是禮敬十方諸佛，同時也在探索自己的佛心。

發成佛的菩提心

拜佛時，最重要的是發心，如果不發成佛的菩提心，上求佛道，下化眾生，我們所走的道路便非佛道。所有的佛菩薩都是從一個單純清淨的願心，展開修行的道路，他們的每一步行動，都是成就佛國淨土的力量。

而每一尊佛像的背後，都凝聚了無數人們的願心，包括信仰佛教的君王們的大力護法，高僧大德不畏艱辛跋山涉水，爲衆生求法與傳法的悲願，以及許多不知名的工匠，以虔誠清淨的心，一筆一畫勾勒出佛菩薩的殊勝形貌……。因著這些代代相傳的願心，佛法才得以發揚與傳承，所以我們拜佛時，除感恩他們的無私奉獻，也要發願續佛慧命。

拜佛與佛團圓

雖然，我們在拜佛時，或許只看得到自己粗重無比的煩惱心，感受不到什麼是佛心。但是，只要不放棄修行，透過禮佛慚愧、懺悔，慢慢轉化自己的身心，佛菩薩會如同大地，以無限慈悲包容我們的一切，讓我們將煩惱化爲智慧。

以恭敬心禮佛時，除從佛像的相好莊嚴感受清涼與定靜，要更進一步讓佛的悲願與果德，成爲修行的典範，生起精進的願心，見賢思齊，讓自己的生命一步步從煩惱中解脫，在利益衆生的行動中完成自利，與佛菩薩相約，早日團圓。

（釋常鐸　攝）

學佛入門Q&A 15

拜佛50問

50 Questions on the Practice of Prostration to the Buddha

編著	法鼓文化編輯部
攝影	江思賢、李東陽、李蓉生、吳瑞恩、周勝信、倪慶善、梁忠楠、陳慧蓉、張晴、鄧博仁、賴永鑫、釋常鐸
出版	法鼓文化
總監	釋果賢
總編輯	陳重光
編輯	張晴
美術設計	和悅創意設計有限公司
地址	臺北市北投區公館路186號5樓
電話	(02)2893-4646
傳真	(02)2896-0731
網址	http://www.ddc.com.tw
E-mail	market@ddc.com.tw
讀者服務專線	(02)2896-1600
初版一刷	2018年2月
初版二刷	2018年5月
建議售價	新臺幣180元
郵撥帳號	50013371
戶名	財團法人法鼓山文教基金會—法鼓文化
北美經銷處	紐約東初禪寺 Chan Meditation Center (New York, USA) Tel: (718)592-6593 Fax: (718)592-0717

法鼓文化

本書如有缺頁、破損、裝訂錯誤，請寄回本社調換。
版權所有，請勿翻印。

國家圖書館出版品預行編目資料

拜佛50問 / 法鼓文化編輯部編著. -- 初版.
-- 臺北市 : 法鼓文化, 2018.02
面 ; 公分
ISBN 978-957-598-773-2（平裝）

1.佛教儀注 2.問題集

224.1022　　106024033